精神科医Tomyが教える

1秒で幸せを呼び込む言葉

精神科医 Tomy

ダイヤモンド社

はじめに

アテクシ、精神科医Ｔｏｍｙと申します。ゲイで精神科医で、なおかつコラムニストでもあります。

アテクシが、皆様の生きるヒントになりそうな言葉をつぶやいたＴｗｉｔｔｅｒが初めて本になったのは、２０２０年２月のことでした。

その『精神科医Ｔｏｍｙが教える　１秒で不安が吹き飛ぶ言葉』は、おかげさまで８万部突破のベストセラーになりました。それから半年後に刊行した続編『精神科医Ｔｏｍｙが教える　１秒で悩みが吹き飛ぶ言葉』もご好評をいただき、この「１秒シリーズ」も、とうとう第３弾となりました。

今回は不安や悩みを吹き飛ばすのではなく、「幸せを呼び込む」というコンセプトでセレクトしています。

世の中、「あの人は幸せだ」とか、逆に「あの人は不幸だ」などといったり

しますが、運の良し悪しで幸せかどうかが決まるわけではありません。むしろ長い人生、たくさんのチャンスや転機がありますから、どなたにも一定の確率でいいことも悪いことも起こるのです。

では、なにが幸せを呼び込むのか？　それは物事のとらえ方と行動の仕方にあります。

幸せな人は自分の幸せを見つけて、育てるのが得意。不幸だと思い込んでいる人は、自分の幸せに気づかず、手元から逃がしてしまう行動をしがちです。今回は、そんな幸せを呼び込むヒントをたくさん詰め込んでいます。

「考え方次第で人生は変わる」――これがアテクシのモットーですが、幸せになることだって例外ではありません。

考え方を変えるのに、遅すぎるということはありません。今からでも幸せを呼び込むことはいくらでも可能です。

さあ、幸せへの糸口を見つけるため、ページをめくってみください。

Contents

Chapter 2

「素敵」は毎日違うのよ

Chapter 3

幸せのカタチに優劣なんかないわ

Chapter 4

味方は数じゃないの質よ

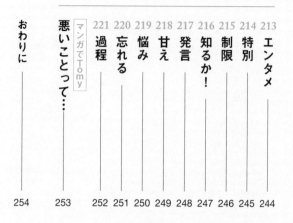

Chapter 1

世の中は幸せであふれているわ

Tomy's Voice

001

先

なるようになるのよ。

なぜなら人はやれることしかできないから。
むやみに先のことを考えて
不安がらなくていいのよ。

Tomy's Voice

002

夢

夢は忘れた頃に
叶うことが多いわ。

厳密にいうと「なるようになればいいわ」
と思えるようになった頃。
強すぎる願いは視野を狭くして体力を奪う。
肩の力が抜けた頃、ふっと上手くいくことがある。

Tomy's Voice

003

愛

幸せを増やす方法は、
自分の中に愛を増やすこと。

愛を増やすには、誰かを大切にすること。
自分のことしか考えないと
愛は増えていかないから、
どれだけ自分の要求が叶えられたとしても、
幸せは増えないのよ。

Tomy's Voice

004

恵

不思議なことに、
「自分は充分恵まれてるなあ」
と思うと、
恵みがどんどん増えてくのよ。

謙虚な心が新たな恵みを
連れてくるのかもしれないわね。

Tomy's Voice

005

心

自分の幸せの形は
自分にしかわからないものよ。

誰かと比較するものでも、
「普通」や「理想」と比較するものでもないの。
自分の心の中に自分の幸せを作る。

Tomy's Voice

006

時間

一番の幸せは、
大切な人と過ごす時間。

失われてしまえば得ようと思っても
何より得難いから、
これさえあれば幸せなのよ。
でも、得ている時には
よくわかっていないこともあるの。

Tomy's Voice

007

大切

大切な人ってね。
大切にしているから
大切な人なの。

それができなくなると、
大切な人じゃなくなるのよ。

Tomy's Voice

008

感謝

どんなに好きでも、
大切にできなきゃ
嫌っているのと同じこと。

常に「ありがとう」の気持ちを。

Tomy's Voice

009

成功

楽しく生きたいのなら、
上手くいこうと
思いすぎないことよ。

やりたいからやる。
それで楽しいのよ。
成功はオマケ。

Tomy's Voice

010

スルー

人生は辛いこともあれば
楽しいこともあるわ。
そして、楽しいことを
味わうために生きている。

どんなに辛そうなときも、
こぼれもののように
楽しいことが現れることがあるの。
辛いことはスルーして、
楽しいことだけを感じましょ。

Tomy's Voice

011

前座

みんな！
苦しみは、楽しみの
前座だからね！

Tomy's Voice

012

夢中

夢中になれるものがあれば、
上手く行かなかったとしても、
それだけで幸せよ。

まして上手く行くかもしれないんだから、
とても幸せ。

Tomy's Voice

013

自信

自信なくても
やってみればいいのよ。

自信って、失敗の積み重ねの上に咲くお花なのよ。

Tomy's Voice

014

時

楽しい時はやがて過ぎる。
でも安心して。

楽しくない時もやがて過ぎゆくわ。

Tomy's Voice

015

約束

約束は相手のためじゃなく、
自分のために守るのよ。

約束を守れる人は、
言動の端々に誠実さがにじみ出てくる。
それが出会いやチャンスをもたらしてくれる。
幸運は約束を守る人が好き。

マンガでTomy
ネガティブな言葉って…

あなたは今のままじゃダメよ！

え!!

一見、ネガティブに見える言葉にもポジティブなものがある。

アナタのことを考えて痛みをともないながら発してくれる言葉は実はとてもポジティブなの。

やればもっとできる人だもん
わかってくれるはず！

……

そんな言葉を発してくれる人がいたら、誰よりも大切にしましょ♥

…でもたしかに今のままじゃダメだや…

Tomy's Voice

016

肯定

自分を肯定なんか
しなくていいわよ。

自分のやりたいことをやりなさい。
好奇心を大切にしなさい。
そうすれば、自分を肯定しなきゃなんて
忘れちゃうから。

Tomy's Voice

017

問題

人のネガティブな点が
気になるときは、
だいたい自分が
幸せじゃないときなのよ。

自分の問題を見直してみましょ。

Tomy's Voice

018

幸せ

世の中は幸せであふれているわ。

でも、そうじゃないものもあふれている。
幸せを見つけていこうとしないと、
そうじゃないものしか視界に入らないのよ。

Tomy's Voice

019

喜び

**思うようにいかない時期も
あるわよね。**

でもそれは、思うような時期になった時、
その喜びをかみしめるためにあるのよ。
無駄はないのよ。

Tomy's Voice

020

信頼

約束やルールを守るのは、
我慢じゃないのよ。

信頼という宝石を磨き上げてるの。

Tomy's Voice

021

空

疲れたら、空を見ましょう。

空は自由だった過去にも、
乗り越えた後の未来にもつながっているわ。
空を見て心に旅させましょう。

Tomy's Voice

022

充分

失敗は存在しないのよ。

アテクシたちは選択肢があるようで、
実は一本道しかない。
違うものを選んでいたらどうなるかなんて、
永遠にわかりっこない。
だから、失敗は存在しない。
一生懸命やってればそれで充分よ。
余計なこと気にしなさんな。

Tomy's Voice

023

体調

悩みが尽きず、
不安だらけのときは、
悩む日を変えましょう。

今日はお日柄が悪いだけと思いましょう。
不思議と環境は変わっていないのに
日を変えるだけで、
なんとかなるさと思えるわ。結局は、体調なの。

Tomy's Voice

024

最後

幸せかどうかって、
それまでの幸せの量が
決めるわけじゃないの。

最後にどう思うかなの。

Tomy's Voice

025

希望

希望は、
あるか無いかじゃなくて、
持つか持たないかなの。

そして、人は希望を持つ自由は侵害されないわ。
だから、アテクシは
いつも希望を持つようにしてる。

Tomy's Voice

026

結実

何が起きても
絶望する必要はないの。

どんな体験もアナタの中に集約されていって、
やがて結実する日は来る。
無駄なことは一つもないわ。

Tomy's Voice

027

引き出し

ほら、嫌なことがあったら
こう思えばいいのよ。

「これでまたアテクシの引き出しが増えるわ！」

Tomy's Voice

028

かわいい

1日に1つは
かわいいものを見つけて、
「かわいい！」って盛り上がる。

ちょっと楽になるわよ。

Tomy's Voice

029

わがまま

わがままというのは相手のことを配慮しないこと。

自分のやりたいことをやる、
自分を肯定するのは、
わがままじゃないから。

Tomy's Voice

030

理解者

自分の才能を
開花させる方法はね、
自分の才能を信じることよ。

アナタ自身が最大の理解者じゃなくて
どうするのよ。

Tomy's Voice

031

楽天

楽天的に考えて
損することって
あまりないのよね。

だから、楽天的に流しちゃいましょう。

相談

悪口を言う女性がいて、会社を辞めるか悩んでいます。入社して1年ほど経つのですが、職場の年配女性の悪口や人をバカにしたような態度がイヤで毎日が憂鬱です。まだ半人前なので仕事で勝てるわけもなく、かといって他の部署に異動願いを出すわけにもいかず、逃げ場がなくて辛いです…。（20代前半女性）

逃げ場は自分で作るのよ。

どこにでもこういう人がいるわよね。でも、逃げ場って自分で作らなきゃ始まらないわよ。逃げ場も居場所も自分で作るのよ。うんしょ、こらしょって、ある程度、力を入れて押しのけて作らないとできないものなの。

実は、会社を辞めるっていうのも、逃げ場を作るということ。でも、会社を辞めるというのは、〝最後の逃げ場〟の作り方よね。エクストリームな方法なので、その前にやれることをもっと探してみてもいいと思うわ。

逃げ場を作る方法は、大きく二つあるの。一つは精神的な逃げ場を作る方法、もう一つは物理的に逃げ場を作る方法よ。精神的な逃げ場を作る方法というのは、簡単に言えば「スルーする」ということ。これだけでもいろいろな方法があるけど、ここでは「レッテル貼り」を紹介するわ。

相手に何か心の中でレッテルを貼るのよ。「マウンティングおばさん」とかね。「壊れたラジオおばさん」でもいいわよ。そうすると嫌みを言われても、「またマウンティングおばさんがマウンティングしてきてる」「また壊れたラジオが鳴っている」なんて、ちょっとはスルーしやすくなるのよ。

物理的な逃げ場を作るには、「この人の言い方が辛くて仕事に行きづらいんです」と上司に相談するのもアリ。会社を辞めるというのも、最終的な物理的な逃げ場よね。やれることって、まだまだいくらでもあるわよ!

Tomy's Voice

032

楽しむ

苦労して作ったものより、
楽しくサラサラっと
できちゃったものの方が
良いものになるわ。

大切なのは努力より、「楽しむ気持ち」なのかも。

Tomy's Voice

033

機嫌

他人の行動が
許せないときって、
自分の中に大きなストレスが
あるときなのよね。

だって機嫌のいいときって
多少のことぐらい許せちゃうでしょ。
だから相手に目を向けるより
自分のご機嫌とったほうがいいのよ。

Tomy's Voice

034

反省

反省ってね、
「ごめんなさい」を言うことじゃなくて
生き方を変えることなの。

Tomy's Voice

035

日常

先が見えないときは、
先を見ないのが一番いいわ。

朝起きて、コーヒーでも飲みながら読書して、
庭の手入れして、仕事の勉強して、
裏山で軽く散歩して、
ネット見て、ゆっくりお風呂入って、
ストレッチして、寝る。
いつもと同じに日常を潤すの。

Tomy's Voice

036

休み

大切なことをいうわね。

体調が崩れたら、
やらなきゃいけないことがあっても
その日はお休みしなさい。
それだけでもだいぶ違うわ。

Tomy's Voice

037

嫌

嫌なことを言ってくる人って
いるでしょ?

言われたことに気をとられて、
「私が悪いのかな」って思いがちだけど、
たいていは「嫌なことしか言わない」
その人が問題なのよね。

Tomy's Voice

038

理想

相手を理想化しちゃダメよ。

相手はアナタの理想のために
生きてるわけじゃない。
アナタも誰かの理想のために
生きてるわけじゃない。
理想は自分の為に持つものよ。
うっかりすると忘れちゃうけど。

Tomy's Voice

039

偽物

偽物の味方に気をつけて。

偽物の味方は、「応援してる」というのに
なぜかエネルギーを奪うのよ。
本物の味方はアナタのことを考えるけど、
偽物の味方は自分の期待を押しつけてくる。
一見味方の顔をしてるからダメージが大きいの。

Tomy's Voice

040

深追い

嫌われてもいいわ。

ただし、嫌われたら深追いしないこと。
そう割り切ってると、
不思議と好かれることが増えるのよ。

Tomy's Voice

041

道

**何が正解かわからないときは、
誰にどう思われるかより、
自分が何を大切にしたいかで
動きなさい。**

後悔しない道を。
赤の他人はそんな道を用意してくれないわ。
ただし、好きなことほど、程々に。

Tomy's Voice

042

他人事

人間って精神的に
安定している時は、
「それはそれ、自分は自分」
って切り分けられるのよね。

健康的な「他人事《ひとごと》感」が持てるのよ。
それが保てなくなってきたら
ちょっとお疲れかもしれないわ。

Tomy's Voice

043

開き直り

不安は「何かあったらどうしよう」の塊なのよ。

不安が強いときは
「何があっても受け入れていくわよ！」
と開き直る方がうまくいくわ。
自信なんかなくてもいいわよ。
ヤケクソでもいいわよ。
心の中で唱えてみて。

Tomy's Voice

044

悪口

よく知らない人に
悪口言われてもいいのよ。

だってアナタのことよくわかってないんだから。
よく知らない人のことを悪く言う人のほうが、
どうかしているわ。

Tomy's Voice

045

変化

人は変わるから、
あんなにウマが合ったのに
合わなくなることもある。
あんなに嫌いだったのに、
欠かせない人間に
なることもある。

これは自然の流れなの。良いも悪いもなく、
変化を味わうつもりぐらいでいいわ。
そう、人間関係にも四季がある。

Tomy's Voice

046

深読み

他人の言動のほとんどに、
深い意味ってないのよ。

だって、自分だって
いちいち深く考えて言動してないでしょ？
深読みして疲れる必要なんてないのよ。

Tomy's Voice

047

離れる

許せない気持ちって
あまり役に立たないのよ。

許せないことされたら、
また被害に遭わないように忘れない。
そして、その人から離れる。
これだけでいいわ。

マンガでTomy
嫌がらせって…
どっさり
この仕事明日までにやっといて
え…
Tomy先生〜
嫌がらせって長くは続かないものよ…
たいていは嫌がらせしている人の評判を落とすだけだから。
あの人ひどいよねぇ
大変だったら手伝うから!
防衛手段は確保したうえで、1ヵ月様子を見てみて♥
そのうち自滅するはずよ。
ドカーーン!!

Chapter 2

「素敵」は毎日違うのよ

Tomy's Voice

048

個性

個性がある以上、
誰かには嫌われる。
誰かには好かれる。

だってどんな個性も
受け入れられる人っていないもの。
だからいちいち気にしなくていいの。
世の中にはいろんな人がいる。

Tomy's Voice

049

トライ

上手く行かなかったことが
失敗じゃないの。
トライしなかったことが失敗。

逆に言えば、トライすれば
何かが学べるから必ず成功なの。
気になることはやってみなさいな。

Tomy's Voice

050

怒り

怒りが収まらないときって、
たいてい自分で
火をつけ直してるのよね。

思い出しそうになったら、楽しいことを考えて。

Tomy's Voice

051

優しさ

絶対的に優しい人なんて
いないわ。

相手との関係性や状況によって
優しさは変わる。
大切なのはお互い優しくいられる関係を
作ることなのよ。

Tomy's Voice

052

素敵

「素敵」は毎日違うのよ。

今日は体調悪いのに、天気がいいから素敵。
嫌なことが３つあったけど、
夕食が美味しく作れたから素敵。
何もない１日だったけど、
何もなかったことが素敵。
嬉しいことがあったら、
それはもう、素敵、素敵、素敵。

Tomy's Voice

053

疲れ

疲れると、今の環境が
より悲観的に見えてしまうのよ。

こういうときは疲れをとると、
ちょっと楽に見えてくる。
たとえ同じ環境でもね。
疲れてくると、視野が狭くなって
より悲観的に見えるのよ。

Tomy's Voice

054

期待

期待っていうのは、持った瞬間ほぼガッカリするのよ。

なぜかっていうと、期待ってどんどん膨らむから。
いずれは現実がついていけずにガッカリするの。
だから期待をしないか、
ガッカリしてもいいから期待するか。
どっちも悪くない方法よ。

Tomy's Voice

055

環境

人間関係がよければ、
苦手なことでも
なんとかやれるわ。

一方で孤立していたら、
得意なこともできなくなる。
多少条件が悪くても、
周りの人を好きな環境を選んだほうがいい。

Tomy's Voice

056

優しさ

優しさは
渡す相手を間違えると
害になるの。

相手の優しさを充分理解する人、
申し訳無いとなかなか
優しさを受け取ろうとしない人に渡しましょう。
間違っても優しさを要求してくる人には
渡しちゃいけない。

Tomy's Voice

057

縁

**人間関係が
上手くいかなくなると、
自分が悪かったのか、
相手が悪かったのかを考えて
モヤモヤしちゃうときも
あるわよね。**

でも、お互い悪い人間じゃなくても
上手くいかなくなることもあるのよ。
縁ってそういうものだから。

Tomy's Voice

058

攻撃

はっきり攻撃されなくても
「なんとなく
言動が攻撃的だなあ」
という人いるわよね。

こういう人はやっぱり攻撃的で、
近づくといつかは攻撃されるのよ。
あまり自覚がないから尚更ね。
「攻撃的な人センサー」というのは、
磨いておいたほうがダメージが少ないわ。

Tomy's Voice

059

寂しさ

人間って寂しいとき、ろくな判断できなくなるのよ。

ちょっと待てば寂しさが和らぐときもあるから、そのときに判断しましょ。

Tomy's Voice

060

一心

嫌なことがあって
今日は眠れそうになくても、
明日は半分ぐらい楽になってる。

明後日《あさって》はさらに楽になってる。
ほとんどのことは１週間もすれば楽になるわ。
それが心の力なのよ。

Tomy's Voice

061

自覚

**自分の身についた攻撃性は
どうしたら消えるか。**

自覚して「嫌だなあ」と思った瞬間から
少しずつ消えていくから大丈夫よ。
相手が悪いと思っている人が、一番攻撃的。

Tomy's Voice

062

イライラ

イライラしたら優しくする。

イライラをぶつけるとイライラが返ってくるし、
そんな自分にもイライラするわ。
だからイライラしてるときこそ、
誰かに優しくするの。
イライラしてなくても、1日1回優しさを。

Tomy's Voice

063

評価

人の評価なんて
不確かなものよ。

アナタのことなんて何一つわかっちゃいないのに、
その場のノリで評価する。
相手の機嫌がよければ評価は上がるし、
不機嫌なら下がる。
それが悪いわけじゃなくて、
そもそもそういうものなのよ。
だからケセラセラ。

Tomy's Voice

064

思い出

嫌な思い出を
思い出してもいいことないから、
思い出しそうになったら
良い思い出を取り出しましょう。

どちらも真実よ。

Tomy's Voice

065

誤解

その人はね、
アナタのいいところを
全部は知らないのよ。

だからちょっとすれ違っても、
誤解されても、落ち込みすぎなくていい。

Tomy's Voice

066

シンプル

人って知らないうちに
深く考えすぎているの。
時々シンプルにとらえ直す
癖をつけましょう。

シンプルに、それが好きなのかどうか。
それをやりたいのかどうか。
我慢できるのかどうか。

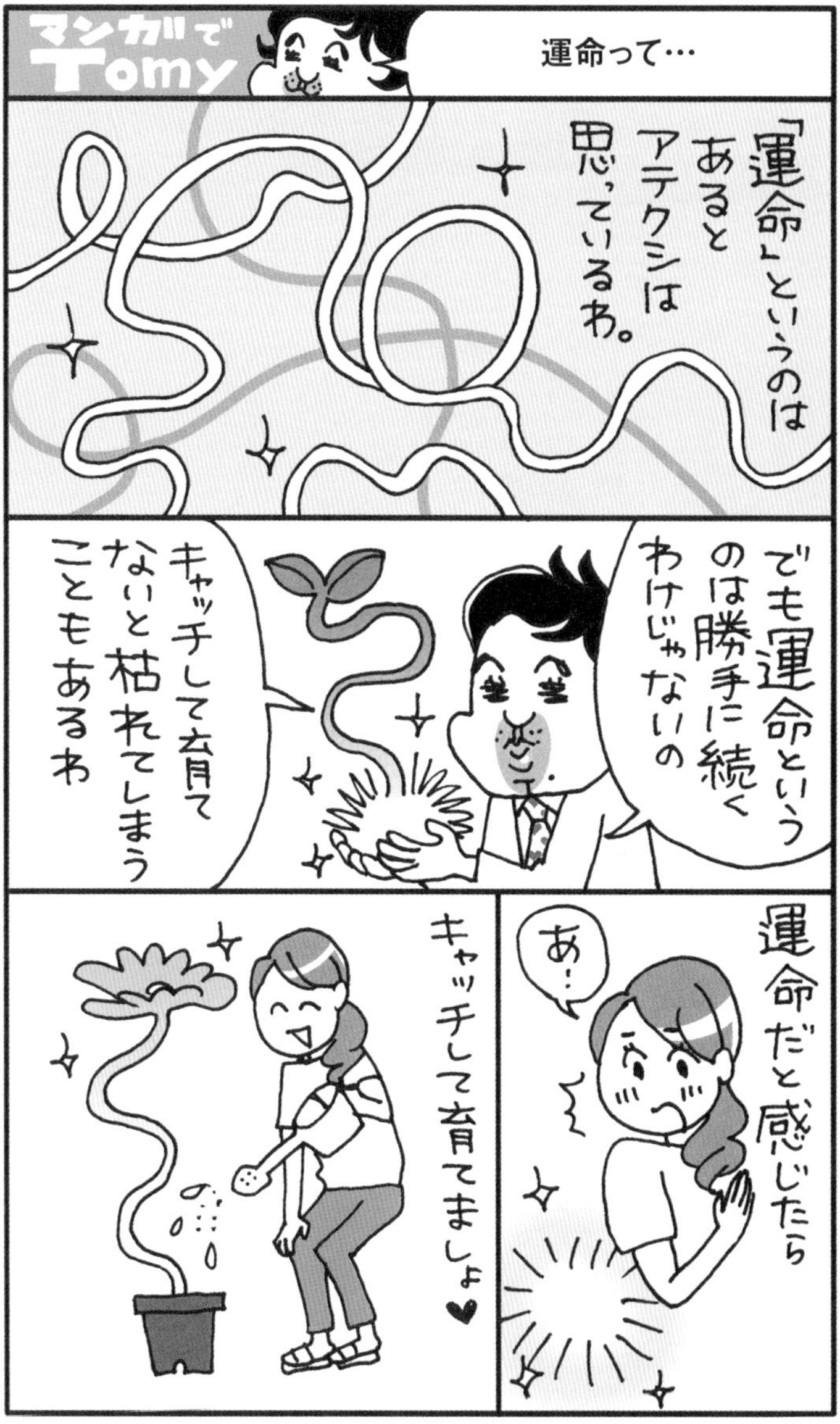
マンガでTomy
運命って…
「運命」というのはあるとアテクシは思っているわ。
でも運命というのは勝手に続くわけじゃないの
キャッチして育てないと枯れてしまうこともあるわ
運命だと感じたら
あ！
キャッチして育てましょ♥

Tomy's Voice

067

追い込み

人はピンチになると
本性が出るというけれど、
アテクシはそうは思わない。

その人の良さが一時的に
見えなくなることもあるだけ。
余裕がないときの相手を追い込んじゃダメよ。

Tomy's Voice

068

疲れ

疲れやすいアナタへ。
「あと一息」をやめてみて。

これだけでだいぶ疲れにくくなるわよ。
「あと一息」と思ったら、
もう限界がきているサイン。

Tomy's Voice

069

本

大変な時期はね、
読書がいいのよ。

本は裏切らないし、いつでも寄り添ってくれる。
こんなときだからこそ、過去の名作を。

070

共有

特に不満はないのに
「なんとなく生きがいがないなあ」と感じたら、
誰かと何かを共有するといいわ。

一緒にご飯に行くのも良し。
語り合うのも良し。
生きることは誰かと経験を共有すること。

Tomy's Voice

071

答え

人生の答えは、
自分の中にしかないのよ。

そして、自分の中にもないこともある。
相談というのは、
他人に自分が答えを探すのを
見守ってもらうことよ。
他人に答えをもらうことじゃないの。
他人の中に自分の答えはないから。

Tomy's Voice

072

理解

相手に理解できない
行動をされたら、
理解しようとしなくてもいいわ。

理解しようとするから混乱するのよ。
人間って理解できることばかりじゃないもの。
そんなもん、そんなもん。

Tomy's Voice

073

感謝

どんなものでも
放置すると壊れていく、
と思っていた方がいいわ。

「ああ楽だな、このままでいいな」
と思った瞬間から
組織も人間関係も壊れていく。
それぐらいの気持ちでちょうどいい。
それを防ぐためには、感謝すること、
プラスにかえていこうとすること。
新陳代謝が大切なの。

Tomy's Voice

074

気持ち

コミュニケーション能力が
あまりなくても、
相手を大事にしたい
気持ちがあれば、
伝わる人には伝わるわ。

それでいいのよ。

Tomy's Voice

075

仲間

「自分を理解してもらいたい！」
って思うのは、辛いわよ。

口先だけで「理解しています」なんて言われるより、

「よくわかんないけど、飯でも行こうぜ」

って言われる方がよっぽどいい。

必要なのは言葉よりも、仲間。

Tomy's Voice

076

問題

大切な時なのに、
悪いことが起きたら、
「なんでこんな時にかぎって
ひどいことが…」と嘆くより、
「何か意味があるのかもしれない」
と考えた方がいいかもしれないわ。

問題が密かに進行していたとき、
大切な局面で、それが目に見えてくるものだから。

Tomy's Voice

077

汚れた目

人に利用されても
悔しくなんかないのよ。

相手は幸せになんかなれない。
目先の利益は幸せを呼ぶ訳じゃないし、
汚れた目からは汚れた世界しか見えないのだから。

078

慣らす

休み明けを楽にする方法は、「慣れるまでは追い込まない」こと。

ちょっとスローで、仕事をするより慣らす意識で。
明日以降でいいことは明日以降で。
休憩のコーヒーや、ランチをちょっとだけ贅沢に。
溜め込んだ分まとめてやろうとすると、
「休み明け＝嫌い」という思考になっちゃう。

Tomy's Voice

079

慣れる

ちょっと嫌なことがあったらね、

「うん、まあ慣れるわよ！」

ってつぶやくといいわよ。


人間って慣れる生き物だからね。

Tomy's Voice

080

他人

コロナ禍で大切なことは、他人の行動に目くじら立てないこと。

何が正解で何が不正解かわからない。
皆、その中で動いている。
そして、他人のことはコントロールしきれない。
他人のことまで考えたら、
ずっとストレスを感じて生きることになるもの。
生きる時間をそんなことに費やしたくないわ。

Tomy's Voice

081

夢中

飽きっぽい性格は直さなくていいわ。飽きっぽい人も継続的にできていることがあるの。

それは「自分が夢中になれるものを探し続ける」こと。飽きっぽくても、何かに夢中になる時期があるでしょ。コロコロ変わろうが、同じものだろうが、別にどっちでも同じ。それでいいじゃない。

Tomy's Voice

082

しょうがない

人間ね、努力だけで
なんとかなるものばかりじゃ
ないから。

もともと、どうにもならないことってあるのよ。

「しょうがない」

これ大事な言葉なの。

083

ゆっくり

イライラしやすい時は、
一つ一つの動きを
ゆっくりにするのよ。

しゃべるスピードをワンテンポ遅らせるだけでも、
意外と違うわよ。
あとドリンクでも何でもいいから、
一口、口にいれる。

Tomy's Voice

084

自慢

過去を自慢する人ってね、
だいたい大した過去じゃないの。

過去を自慢する今も大したことないの。
だから自慢してバランスとりたいだけなの。
さらっと受け流そ！

Tomy's Voice

085

やる

一生かけてダメでもいいから、
やってみればいいじゃない。
それがアナタのやりたいことなんでしょ?

Tomy's Voice

086

変わらない

アテクシ、良い精神科医って「いつも同じ態度、距離感で接することのできる医者」じゃないかなと思ってる。

だから、そうありたいと思っている。
時にめちゃくちゃ親切で、
時に不機嫌なのは良くないわ。
精神科医に限らず、
周りにいつも変わらず接してくれる人がいたら、
本当に大切にして。

相談

子どもを出産してから旦那とうまく接することができずに悩んでいます。育児に協力的で浮気もしなそうな誠実で優しい旦那なのですが、とにかくイライラしてひどい暴言を吐かないと気持ちが収まらないんです。夫は黙って聞いていますが、それがまたカチンと来て爆発してしまうんです。（30代女性）

やめたい行動は、外堀から埋めていくのよ。

これはアナタが暴言をやめるしかないわ。ただし、暴言をやめるときに、自分の意志の力だけに頼る必要はないの。アナタが暴言を吐きにくくする環境を作ればいいのよ。

物事を変えたいときは、「外堀から埋めていく」といいの。たとえば、イライラしているときはご主人の近くから遠ざかる。近くにいなければ、暴言を吐きようがないものね。

ご主人の近くにいて暴言を吐きそうになったら、ゆっくりと呼吸を3回整えてみて。だいたいイライラは瞬発的なので、数秒経つだけでピークが過ぎ去ってしまうことが多いのよ。

あと、あえて暴言を録音してもらって、後で聴くというのもアリよ。実際にやってみるとわかると思うけど、顔が真っ赤になって、穴があったら入りたくなるぐらい恥ずかしくなる。そして、感情的になったときの自分の言葉って、申し訳なくなることが多いのよ。

そうすると「こんな恥ずかしいことはやめなきゃ」「夫に申し訳ない」という気持ちがわいてくると思うの。この方法は、いわば自分への啓蒙活動。自分を教育することで、やめたい意志を強くするというやり方ね。

それでも、なかなか暴言が収まらなくて辛いようなら、精神的な問題の可能性もあるから、一度受診することを考えてもいいと思うわ。

Tomy's Voice

087

やらない

やりたいことをやるのは大事。

でもそれ以上に、
いらないことをやめるほうが大事。

Tomy's Voice

088

我慢

うまく行く人ってね、
実は我慢強くないの。

最初は我慢して成し遂げるんだけど、
その後は我慢しなくても続けられるように、
やり方や考え方を変えてるのよ。

Tomy's Voice

089

後悔

反省は必要だと思うけど、
後悔してても仕方がないわ。

物事にはなりゆきとタイミングがあるから、

「他の選択肢を選んでいたら上手くいっていた」

なんて保証はないのよ。

自分の答えを責めすぎないで。

ただただ、次に生かしましょ。

Tomy's Voice

090

職場

職場の悩みで覚えておきましょ、
たった一つだけ。
「職場の悩みは職場限定」

永遠に続くものじゃないわ。
期間限定、場所限定。
限られた存在にすぎないの。

Tomy's Voice

091

自分

「仮面ばかり付けてて、本当の自分を出せない」って思ってる人へ。

仮面作ってるのも自分自身なのよ。
そういうところを含めて自分自身なの。
さらけ出すほうが自分らしい人もいれば、
仮面つけるほうが自分らしい人もいる。
それでいいじゃない。

Tomy's Voice

092

客観

**ネガティブな感情を
擬人化すると、
ちょっぴり扱いやすくなるわ。**

「あら、今アタシ、イラ美ちゃんが顔出してるわね」

「あらー、今はMs.サミシーが元気ね」

ちょっと客観的になれるのよ。　お試しあれ。

Tomy's Voice

093

待つ

朝から泣きそうなら、
夜まで待てばいいのよ。
後は寝るだけだから。

今日が辛ければ、明日を待てばいいの。
待ってればそのうち楽しい時間も来て、
待った分だけ楽しさが倍増になるんだから。

Tomy's Voice

094

アイドリング

やればできるけど、
なかなかやらない人へ。
そんなことを思っているうちに、
やってもできなくなっちゃうのよ。

ちょっとでもいいから、続けるほうが楽。
人間はアイドリング状態保ったほうがいいのよね。

Tomy's Voice

095

頑張らない

人間ってさ、
常に頑張り続けること
できないのよ。

どんなにそれが好きでも、
「頑張らないとやり続けられないもの」は
期間を決めなきゃいけないわ。
ずっとやりたいのなら、
頑張らなくてもやれてしまうものを。
気がついたらやっているものを。

096

時間

過去の時間は取り戻せないわ。
でも、これからの時間は
アナタが作る。

過去ほど素晴らしい時間は
帰ってこないと誰が決めたのでしょう。
もっと素晴らしい時間、
これから作ればいいじゃない？

Tomy's Voice

097

おまじない

**アテクシの考えた
ストレスがちょっと減る
おまじない。**

腹式呼吸で鼻からゆっくり息吸って、
口からゆっくり吐き出して、
「ま、いっか」とつぶやくの。

Tomy's Voice

098

尊敬

説教くさい人って、
たいてい本人も
言っていることが
できてないのよね。

何も言わないけど尊敬できる人の
背中を見て育つ方がよっぽどいいわ。

Tomy's Voice

099

孤独

寂しさって、
お天気みたいに
時間によって
変わるものなのよ。

思うほど孤独じゃないから
美味しいものでも食べて待ちましょ。

Tomy's Voice

100

無理

どうするか悩んで、
無理そうだったらやめなさい。
無理じゃないなら
追いかけなさい。

それで大体いいわ。
上手くいかないときは、無理なのに追いかけてる。
無理じゃないのに、やめている。

Tomy's Voice

101

頑張り

頑張りやさんなアナタへ。
頑張るなっていうのは
難しいかもしれないけど、
気持ちよく疲れる程度に
頑張ってね。

そう、いつの間にか眠れる程度にね。

Tomy's Voice

102

区切る

「区切る練習」って
とっても大切なの。
疲れてきたら一旦区切って休む。
やりきろうとせずに
その場で区切る。

そうじゃないと延々と
終わらないことだらけなのよ、世の中は。
日頃からやっておけば、
疲れをコントロールできるわ。

Tomy's Voice

103

宝物

コロナが落ち着いたら、
きっとみんなやりたいことを
やると思うの。

そしてお祭り騒ぎになるでしょう。
でもね、決して忘れないで。
人生の一瞬一瞬が宝物で、
無駄にしちゃいけないものだって。
楽しいことができるようになっても、
時間の浪費をしないでじっくり味わって。

Tomy's Voice

104

プロ

自分の身を
助けるものの一つは、
プロであること。

何が起きても◯◯のプロであり続けようと思えば、
なんとかやっていけるものよ。
仕事のプロ、夫を支えるプロ、子供を愛するプロ、
プロの形は何でもいいの。
最高の◯◯でありたいと思うこと。それがプロ。

Tomy's Voice

105

伝える

相手に気づいてもらいたいときに何度も言う必要はないわ。

伝わるときは一度で伝わる。
伝わらないときは何度言っても伝わらない。
そして、何度も言うとやる気が失せる人もいる。
何度もしつこく言うことに意味はないの。
相手の出方を見て、環境ややり方を変えればいい。

Tomy's Voice

106

応援

「ガッカリした」と
言ってくる人は
放置しておけばいいわ。

何も言わないけれど見守ってくれる人もいる。
応援してくれる人もいる。
その人たちは悲しませないように。
でも、彼らは結果で悲しむ訳じゃない。

マンガでTomy
苦手なことって…
苦手なことを始めるときはまず「苦手なこと」を好きになることから始めましょ♥
苦手
好きになる方法
なるべく細かく分解して…
バラバラ
好きな部分だけ取り出して見るようにすることよ。
あった
好き
細かく分解すると何事もわりと好きな部分って出てくるものよ♥

Chapter 3

幸せのカタチに優劣なんかないわ

Tomy's Voice

107

環境

人間って、
性格より環境の影響のほうが
大きいの。

他人とうまくいかないのなら、
同じ環境の中で悩むより、
いっそ環境や関係性を
変えてしまったほうがいいわ。

Tomy's Voice

108

相手

人の精神状態は
常に安定してるわけじゃないわ。

腑《ふ》に落ちないことを言われても、
それ一つで全てを判断しない。
トータルで相手のことを見ましょ。
自分だって不安定なときもあるんですもの。

Tomy's Voice

109

あとで

真面目な人って、
「あともうちょっとだから」って
今の仕事を増やしちゃうのよ。

そうするといくらでもやること増えちゃうから、
「あともうちょっとだから」はあとでいいの。
特にこんなご時世だと、大切な考え方よ。

Tomy's Voice

110

幸せ

幸せのカタチに
優劣なんかないわ。

ミルクとワインとケーキとハンバーグ。
どれが一番美味しいか考えるようなもの。

Tomy's Voice

111

逃げ道

逃げることって大事よ。

でも、逃げすぎると
逃げ場がなくなることがあるわ。
逃げ道を作るために向かい合うことも必要なの。

Tomy's Voice

112

一本道

人生に無駄はないのよ。

回り道しているように見えても、
アナタの人生は常に一本道。
でも、回り道しているように
思わせようとしてくる人はいるわ。
惑わされないでね。

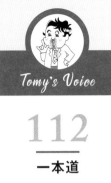

Tomy's Voice

113

大丈夫

自分のことを
本当に認めてあげられるのは
自分だけなのよ。

他人が示してくれるのは、
自分の考えに合致しているかどうかだけ。
自分を認める方法は、
「大丈夫」と自分に話しかけること。

Tomy's Voice

114

余裕

アテクシ、攻撃的な人を見たら
「いろいろあって
イライラしてるのねえ」
と思うようにしてるわ。

そうすると自分にちょっと余裕がもてる。

Tomy's Voice

115

心地

駄目な人生なんてないのよ。
「ああ、心地いいな」
と思える瞬間があれば
それでいい。

向上心も成長も、
心地よく生きるために必要なのよ。
アナタを苦しめるためじゃないの。

郵 便 は が き

料金受取人払郵便

渋谷局承認

6631

差出有効期間
2022年12月
31日まで
※切手を貼らずに
お出しください

1 5 0-8 7 9 0

1 3 0

〈受取人〉
東京都渋谷区
神宮前 6-12-17
株式会社ダイヤモンド社
「愛読者係」行

フリガナ		生年月日		男・女
お名前		T S H 年 月 日生	年齢 歳	
ご勤務先 学校名		所属・役職 学部・学年		
ご住所 (自宅・勤務先)	〒 ●電話 ( ) ●FAX ( ) ●eメール・アドレス ( )			

◆本書をご購入いただきまして、誠にありがとうございます。

本ハガキで取得させていただきますお客様の個人情報は、以下のガイドラインに基づいて、厳重に取り扱います。

1, お客様より収集させていただいた個人情報は、より良い出版物、製品、サービスをつくるために編集の参考にさせていただきます。
2, お客様より収集させていただいた個人情報は、厳重に管理いたします。
3, お客様より収集させていただいた個人情報は、お客様の承諾を得た範囲を超えて使用いたしません。
4, お客様より収集させていただいた個人情報は、お客様の許可なく当社、当社関連会社以外の第三者に開示することはありません。
5, お客様から収集させていただいた情報を統計化した情報(購読者の平均年齢など)を第三者に開示することがあります。
6, お客様から収集させていただいた個人情報は、当社の新商品・サービス等のご案内に利用させていただきます。
7, メールによる情報、雑誌・書籍・サービスのご案内などは、お客様のご要請があればすみやかに中止いたします。

◆ダイヤモンド社より、弊社および関連会社・広告主からのご案内を送付することがあります。不要の場合は右の□に×をしてください。 不要 □

①本書をお買い上げいただいた理由は？
（新聞や雑誌で知って・タイトルにひかれて・著者や内容に興味がある　など）

②本書についての感想、ご意見などをお聞かせください
（よかったところ、悪かったところ・タイトル・著者・カバーデザイン・価格　など）

③本書のなかで一番よかったところ、心に残ったひと言など

④最近読んで、よかった本・雑誌・記事・HPなどを教えてください

⑤「こんな本があったら絶対に買う」というものがありましたら（解決したい悩みや、解消したい問題など）

⑥あなたのご意見・ご感想を、広告などの書籍のPRに使用してもよろしいですか？

1　実名で可　　2　匿名で可　　3　不可

※ご協力ありがとうございました。

【1秒で幸せを呼び込む言葉】112144●3550

Tomy's Voice

116

あるがまま

人間って理屈通りじゃないの。
頭でわかっていても、
そう動けないことばかりなのよ。

だから相手の行動が理不尽だったとしても、
悩みすぎなくていいのよ。
あるがままで行きなさい。

Tomy's Voice

117

受け止める

人間関係って、自分の身を守る気持ちが前面に出ると逆にこじれるのよ。

ちゃんと受け止めようという気持ちを出すと、意外とすんなり行くわ。

Tomy's Voice

118

ルール

情だけに流されると、
人間関係って
どんどん悪化していくの。

最低限のルールを作って、
それだけは守って、守らせるほうがいいわ。
ルールはアナタなりでいい。
アナタが譲れないことだけで。

Tomy's Voice

119

変わる

人と継続的に関係を続けるコツは、「人は変わる」

これを念頭において行動することよ。

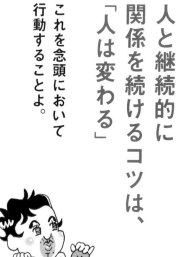

Tomy's Voice

120

やりたい

相手に振り回されないためには、
自分のやりたいことを
しっかり作っておくことよ。

趣味でも仕事でもボランティアでも何でもいいわ。
やりたいことの埋め合わせに人に依存すると、
不安定になってしまうから。

Tomy's Voice

121

寂しさ

寂しさって、
ちゃんと慣れちゃいますからね。
そして、寂しさに慣れると
人が寄ってくる不思議。

寂しい寂しいと言ってると、
かえって寂しくなるものよ。
寂しさに慣れた時、人は輝くのかもしれないわ。

Tomy's Voice

122

話し合い

他人との話し合いは、ディベートじゃないのよ。

相手に勝つことが目的じゃないから、正論で追い込みすぎてもいけないの。上手く相手とやっていける形にもっていくのが話し合いだから。

Tomy's Voice

123

当たり前

自分の当たり前は、
相手の当たり前じゃないわ。

初めての相手と合わせるときは
当たり前をゼロにする。

Tomy's Voice

124

環境

環境が人をつくる。
本来のものなんてわずかよ。

だから、自分が悪くなっていないか
こまめにチェックして、
悪くなっていたら環境を調整するの。
人はどこまでも、良くも悪くもなれるから。

Tomy's Voice

125

場所

帰る場所があるっていうのは、
保証じゃないのよ。

帰る場所を大切にしないと、
帰る場所がなくなっちゃう。

マンガでTomy
ひどいことをする人って…
他人からひどいことをされたら…
ヒソヒソ
この程度の人なんだ…
がっかりだわ。
と、冷めた目で見なさい。
世の中にはとてつもなくひどい事をする人もまれにいる。
そういう人に当たったら、多少強い言葉も必要ね。
この人はこの程度の人なんだ…
ヤレヤレ
キー
くやしー

Tomy's Voice

126

心配

心配事は、
そのときすればいいのよ。

先の心配をしたって、
状況が違ってるんだから意味がないでしょ。
準備は事前に、心配はそのときに。

Tomy's Voice

127

整理

何につけても
「整理どき」って
いうのがあるのよ。

いるものといらないものをちゃんと仕分けておく。
だってさ、人生いつまであるかわかんないのよ。
いらないものにいっぱい時間を使っちゃ
もったいないじゃない。

Tomy's Voice

128

人間

人間やらかすときもあるわ。

アナタも、アテクシも、彼も、彼女も。
それでいいのよ。

Tomy's Voice

129

楽

アテクシがツイートしている理由。

アテクシ、今まで大変なことがありました。
悩みに悩んで「こう考えれば楽になるわ!」
と気づいたことが沢山あった。
1から悩まなくても、
みんなそれを知れば楽になるじゃない!
そう思って始めたの。
考え方次第で人生は変わる。
アテクシのモットーです。

Tomy's Voice

130

辛さ

人生辛い時期もあるわ。
でも、それは
筋トレみたいなもの。

なんとかやり過ごせればアナタの魅力が増す。
考え方を変えれば、ボーナスステージもあるのよ。

Tomy's Voice

131

忘れる

そのときの中で最善策をとって、
後は忘れる。
いかなる時も、これでいいの。

Tomy's Voice

132

幸せ

よく見ると
幸という漢字の中に、
辛が隠れているわ。

辛い思いを積み重ねて
幸せは出来上がるのかもしれない。
今の辛さも、
いつかの幸せの材料なのよ。

Tomy's Voice

133

バランス

急いで全部やろうとしたって、
どうせまた
やらなきゃできないことが
出てくるのよ。

目の前のことを全部片付けようとしちゃダメ。
自分の疲れと回復のバランスを取ることが大切よ。

Tomy's Voice

134

大切

本当に大切な話は、
何も問題の起きてないときに
話したほうがいいわ。

問題が起きているときは、
焦りもあるし、感情的にもなっている。
穏やかな時期に話しましょ。

Tomy's Voice

135

言葉

心のモヤモヤを言葉にする
ってとっても大事なことよ。

それが苦手でもいいの。
とりあえずやってみようと
努力するだけでもいいの。
それだけで何かが見えてくる。

Tomy's Voice

136

凹む

嫌なことがあるから
凹むこともあるけど、
実は凹んでいるから
流せなくなってる
ことの方が多いわ。

嫌なことは、なかったことにはできないけれど、
アナタが元気になれば気にならなくなる。
それまで待てばいいだけよ。

Tomy's Voice

137

やらない

人生やりたいことだけで
埋めようとすると、
時間が足りなくなるのよ。

時にはボーッと、
動物園で半日つぶすような人生の余裕も必要よ。
やりたいことでも「やらない」を決めてみるの。

Tomy's Voice

138

それでいい

出会いと別れは
2つでセット。

別れの時は、寂しかったり悲しかったり、
不快な気持ちがわいたりもする。
だけど、素敵な思い出もあったはずだから、
それでいいのよ。
新しい時代へ。

Tomy's Voice

139

距離感

依存的になる相手とは
長続きしないわ。

それは依存的な相手というのは、
安定した距離感をとれないから。
だんだん近づいてこようとするのよ。
近づく限界が来ると関係性が上手くいかなくなる。
だからこちらから
一定の距離をとり続けるしかないの。

Tomy's Voice

140

引き立つ

悪い日もあるけれど、
いい日も来る。
悪い日も終わるし、
悪い日があるから、
いい日の楽しさも
引き立ててくれる。

毎日いい日だったら、
きっとそれが普通になっちゃう。元気を出して。

Tomy's Voice

141

ここまで

コロナ禍のときこそ、何をしないか、何を考えないかを決めることが大事よ。

考え出せばキリがない。
不安は尽きなくなるから。
「今日はここまで！」が大事ね。

Tomy's Voice

142

怒り

怒りのコントロールが
難しい人は、
カッと来たら
口を開くのをまず止めてみて。

一生懸命口をつぐんで、落ち着いてきたら
「このまま怒りをぶつける意味があるのか」を
考えてみるの。

Tomy's Voice

143

悩み

なかなか思ったように
事が運ばないときはね、
「後で思い残すことが
ないように、もっと悩みなさい」
ということなのよ。

そう思えばちょっとはマシ。
ポジティブに悩みましょ。

Tomy's Voice

144

あきらめ

頑張っても上手くいかないときってあるでしょ。

そんなときは、ウンウン頑張るより、「今日はあきらめよう」ぐらいのほうが良いこともあるわ。

Tomy's Voice

145

終わり

何かが終わっちゃっても、

「新しい時代が来た！」

って思えばいいのよ。


もっといいものかもしれないわよ。

相談

営業職として日々頑張っていて、そこそこの成績を残しているつもりです。でも、同僚の成績と比べて一喜一憂してしまって、心が落ち着きません。自分よりよい成績を残す人がいると、嫉妬心のようなものがフツフツとわいてしまい、素直に他人の成功を喜べません。（20代後半男性）

嫉妬もよいものだと考えるのよ。

嫉妬するのは、悪いことじゃないわ。「悔しい」「勝ちたい」と思う気持ちが自分のモチベーションになるわけだから、どんどん嫉妬しちゃっていいのよ。ちなみにアテクシ、あんまり嫉妬心がないほうで、負けず嫌いでもないの。だから嫉妬したり負けず嫌いになったり、他人と比較して悔しいと思っちゃうような人に憧れるぐらいなの。アテクシみたいな性格は、「無駄にストレスをためない」という長所はあるけれど、「勝負事が苦手」という短所もあるわ。

つまり、アナタが短所として苦しんでいることも、考え方を変えれば長所でもあるのよ。だから、アナタの嫉妬心を否定するのではなく、その長所を生かしてあげればいいと思うの。ただ、そのままでは長所にならないので、ちょっとした工夫が必要ね。

たとえば、他人の成績を「自分の目標」にしてみるの。比較しても負けは負けなのよね。でも、そこで悔しがって苦しむだけなら、それだけのものになっちゃう。だったら、「次は彼と同じ成績を目標にしよう」と自分の目標に変換しちゃえばいいのよ。

彼とは違う部分で、アナタの強みを生かす方法もあるわね。たとえば、「成約件数では彼に負けているけど、契約額では自分のほうが勝《まさ》ってる。大きな契約をとってこれるように頑張ってみよう」とかね。

長所も短所も裏表、自分で長所に変換することは可能なのよ。

Tomy's Voice

146

共依存

**好きなのに
傷つけ合う関係になっていたら、
それは共依存よ。**

距離をあけたほうがお互いのためにいいわ。
共依存は甘美な思いをともないやすいけど、
そこはしっかり見定めて。

Tomy's Voice

147

愛

愛されたいとがんばって
疲れなくても、
アナタが愛した分以上に
愛してくれる人も
どこかにいるのよ。

ひとり相撲して疲れなくていいのよ。
いつも問いかけてみて。
その人といてアナタは幸せですか？

Tomy's Voice

148

自己嫌悪

自分の心が狭いと自己嫌悪に陥る方へ。

大丈夫、「このままじゃイヤだな」って
思っていれば勝手に広がっていくのよ。
でもゆっくりゆっくりだから、
自分には狭いままに見えるだけなのよ。

Tomy's Voice

149

寛容

人はどこまでも
寛容にも不寛容にもなれる。
だったら寛容な方がいい。
ストレスが減るから。

コツとしては
「それは私の与《あずか》かり知らぬこと」と考えの外にやる。
もちろん、自分に直接影響のあることは
不寛容になっちゃいけないけど、
他人の価値観や人間性に関しては
与かり知らぬことよ。

Tomy's Voice

150

疲れ

上手く生きていくには、ストレスを大きくしないこと。

自分の疲れにこまめに敏感になって、
疲れたらすぐ回復させる。
今日の疲れは今日のうちにとるのよ！

Tomy's Voice

151

比較

アナタが
人生を比較することしか
できないのなら、
人生の点数は
どこまでも下がるでしょう。

「これが私の人生よ！」と思うことができたら
アナタの人生はいつも１００点なのよ。

Tomy's Voice

152

理不尽

理不尽な目に遭っても、
こう唱えてみたらいいわよ。

「人生はそもそも何でもアリなんだから
仕方ないわねえ〜」ってね。

Tomy's Voice

153

しない

何をしたらいいかわからない時って、何もしなくてもいいんじゃないかしら。

わからないまま動くほうが、よっぽど怖いですもの。

Tomy's Voice

154

視点

上手くいかないときって、
ひたすら頑張るより、
視点や、やり方を変えた方が
はるかに上手くいくわ。

今のやり方で既に頑張って
上手くいってないわけだからね。

Tomy's Voice

155

好き嫌い

人の好き嫌いなんて
いい加減なものよ。

好きな時は嫌な面は忘れているし、
嫌いな時は好きな面は忘れている。
大切な判断をする前に、
一呼吸置くことが大事なのよ。

Tomy's Voice

156

すれ違い

すれ違ってもいいのよ。
みんな真面目だから、
一緒に合わせようとする。
大切な人だから、
余計合わせようとする。

ううん、いいのよ。
すれ違ってもいいの、合わせなくてもいいの。
大切な人なら、なおさらよ。
無理をするより、快適なすれ違い。

Tomy's Voice

157

—死

自分が「いつか死ぬ」と意識すると価値観が変わるのよ。

アテクシは、永久に生きられるのなら、
遊びほうけてもいいけど、
いつか死ぬのなら遊びほうけたくない。
たまに休んで心が回復する程度に遊べばいい。
遊ぶ新鮮さが保てる程度に遊べばいい。
それより大切な人と長く過ごしたい。

Tomy's Voice

158

言い訳

言い訳って
減らした方がいいわ。

一番いいのは言い訳を我慢するより、
言い訳しなきゃいけないことはやらないこと。

Tomy's Voice

159

イライラ

イライラしてるときって、
イライラしそうなことだけを
考えてるのよ。

良いことやのんびりしたことを
考えれば収まるの。

Tomy's Voice

160

気持ち

**もうあんな気持ちになれることは
ないかもしれないわ。**

でも、あんな気持ちだったことは覚えている。
それだけで充分よ。
それに新しい気持ちも待ってるわ。

Tomy's Voice

161

人生

他人に自分の人生を賭けてはいけないわ。

他人とできるのは約束だけ。
自分の人生は自分に賭ける。

Tomy's Voice

162

優しさ

人は優しくなれるし、
優しくなれるのは
強さでもあるの。

だから優しさを身につけることは、
良いことでしかない。
ただ、本当の優しさはよく考えないとわからない。

Tomy's Voice

163

期待

上手くいってるときほど期待しちゃいけないの。

人間って「期待するのは駄目」ってわかってても、
よく忘れる。
なぜかっていうと、途中まで上手くいくから。
上手くいくと、期待値あげちゃう。
そして、上手くいかなくなったときにね、
ドーンと来るの。
だから上手くいってるときほど期待しない。

Tomy's Voice

164

スランプ

スランプに陥っている時は、
そのまま陥っていていいのよ。

周りを見渡す時なのよ。

Tomy's Voice

165

行動

人間の行動はね、今に始まったことじゃないの。

だいたいは、いつまで経っても
同じことをやらかすものなのよ。
だから、もしアナタのために
自分の行動を変えてくれようとする人がいたら、
本当に素敵なことなの。
たとえ一時的だったとしてもね。

マンガでTomy
反論って…
反論はされるものだと思って。
あなたのその考え方はおかしいんじゃない？
それは間違ってるよ！
いちいち不愉快に思う必要はないのよ
反論できない雰囲気のほうがよっぽど怖いわ
同調圧力
でも反論に反応するかどうかはアナタの自由よ♥
ま…それももっともかな…

Chapter 4

味方は数じゃないの質よ

Tomy's Voice

166

怒り

正当な理由で
怒りが収まらないときは、
ちゃんとぶつけたほうがいいわ。

でも感情のままぶつけるんじゃないの。
怒っている理由をしっかり伝えるの。

Tomy's Voice

167

足し算

辛いときってね、
今あるものから
駄目になったものを
引き算してるのよ。

辛いときこそ、ゼロの状態から
足し算していくといいわよ。

Tomy's Voice

168

謙虚

相手より強い立場の時こそ、
謙虚に振る舞いましょう。

強気に出ると足をすくわれるわよ。
いつもアナタが強いわけじゃないんだから。
状況が変わったときに
自分に跳ね返ってくるのよ。

Tomy's Voice

169

子供

いろいろ制限されて
辛いときは、
子供の時の気持ちを
思い出してみるのもいいわ。

あぜ道を歩いたり、野花をつんだり、
蝶を追いかけたり、土手に寝っ転がったり。
それだけでも充分楽しかったでしょ。
人には何でも楽しめる力があるの。
あとは慣れよ。

Tomy's Voice

170

―人

人って変わるようで
変わらないのよ。

変わったんじゃなくて、
もともと持ってたものが増長して、
外に出てきただけなの。

Tomy's Voice

171

愛

無償の愛って無いと思うのよ。

でも、見返りが必要なわけじゃない。
愛をくれる相手が思う存分、
愛を渡せるように感謝する。
その気持ちだけでいいのよ。

Tomy's Voice

172

レッテル

苦手な人がいたら、
頭の中でレッテルを
優しく貼り替えてみましょ。

「嫌いな人」「気持ち悪い人」だと辛いけど、
「変な人」ならちょっと我慢できるかも。

173

生き方

生き方って、
誰かの真似をしなくてもいいの。

誰かの生き方を参考に、
自分なりのやり方で編集していけばいいの。
これが正解だとか当たり前だとかはない。
自分の心地いいように生きればいいの。

Tomy's Voice

174

開き直り

嫌なことが重なる日ってあるわよね。

こういうときは開き直って、

「何よ！　今日は嫌なことに散々つき合ってあげるわよ！」

って思いましょ。

嫌なことが1日に集まってくれて助かったとも言えるかもね。

Tomy's Voice

175

ニコニコ

自分のご機嫌をとる方法はね、
自分で研究しなさーい！

これをやったらニコニコしちゃうものよ。
一番てっとり早いのは、た・べ・も・の。

Tomy's Voice

176

楽しみ

ベストを尽くすのは、
根性論じゃないのよ。

「ああ、やりきったなー」と楽しむため。
自分の楽しみのためなのよ。

Tomy's Voice

177

変換

怒られたときは、
ポジティブに変換するのよ。

怒られたってことは、かまってもらえたのよ！

Tomy's Voice

178

結果

世の中には
成功も失敗もないのよ。

やれば、それに応じた結果が出てくるだけ。
やらなければ、それに応じた結果が出てくるだけ。
だから、自分がモヤモヤしないように決めなさい。
望む結果じゃなかったら、
また決めればいいだけよ。

Tomy's Voice

179

自分

自分磨きはいいけれど、モテるためだと辛いし、続かない。

自分の選択肢を増やすため、
自分が丈夫になって楽になるため、
自分が楽しむために自分を磨きましょ。
とことん自分軸で。

Tomy's Voice

180

否定

否定したい人には
否定させておけばいいのよ。

そういう人は「否定する」ありきなんだから。
そんなことでアナタの価値は変わらないのよ。

Tomy's Voice

181

生き様

アナタが今まで来た道は、
生きてきた軌跡にすぎないわ。

正解も不正解もない。
誤った道なんてないのよ。
全てはアナタが生きるがままに。
それこそが生き様よ。

Tomy's Voice

182

考え

辛くてたまらない時は
考えないようにしてもいいわ。

でも、考えなさすぎると
逆に大丈夫だろうかと、不安になることもある。
そういうときは、
チラ見をする程度に考えるといいわ。
このバランスを自分で探ることが大事なのよね。

Tomy's Voice

183

別れ

人と別れることが、
悪いことだとは限らないわ。

エネルギーを使って、
メリットもデメリットも
わかった上で先に進んでいく。
その先には、必ず何かがあるのよ。

Tomy's Voice

184

問題

問題があることより、
問題を指摘できないことの方が
はるかに問題なのよ。

言うべきかどうか悩んでるなら言うべきだし、
それで嫌な思いをするなら環境を変える。

マンガでTomy
人をほめるって…
闇雲にほめるとわざとらしくなるけど…
あなたって本当にスバラシイ!!ステキすぎるっっ
ほめすぎ…
基本、人をほめて悪いことなんてないのよね。
…でもおせじでも嬉しいな♥
エヘへ
だから、どんどんほめればいいと思うの。
え? ほめて増長する人はどうしたらいいかって?
そのときは叱ればいいのよ。
ハハハ
オレは神だっ!!
調子に乗りすぎだよ!!

185

そのまま

苦手なことって
必ずしも克服しなくても
いいと思うわ。

困らなくて、迷惑かけない環境なら、
そのままでもいいじゃない？
得意なことや好きなことに時間かけましょうよ。

Tomy's Voice

186

人間関係

人間関係って
上手く行かなくても、
リセットはできないのよ。

だって知り合う前の状態には戻れないでしょ？
だから、離れるにせよ、
相手にも気持ちがあることを忘れずに。
人間関係は、結果だけじゃなく、
プロセスも大事なのよ。

Tomy's Voice

187

挨拶

人間関係が悪くなるのって、
たいてい
コミュニケーションの
問題なのよね。

相手が悪いわけでも、
自分が悪いわけでもないのよ。
まずは挨拶や会釈だけでも、
しっかりやってみましょ。

Tomy's Voice

188

こだわり

自分が求めてるものって
常に変わるのよ。

過去に「どうしてもゆずれない」
と思っていたことも
今は違うかもしれない。
今の心に聞いてみて、
必要のないこだわりは捨ててしまってもいい。
違う世界が見えてくるわよ。

Tomy's Voice

189

愛

ギスギスした環境を解決する方法。

恋をすればいいのよ。
恋をすれば、
ギスギスした環境も気にならなくなるし、
逆に燃えることもある。
もちろん、恋は簡単にできないわよね。
でも、愛なら与えられる。
余裕のないときほど、小さな愛を。
花に水をやるのも、道をゆずるのも愛なのよ。

Tomy's Voice

190

面倒

人生は「面倒くさい」のがいいの。

だって簡単にできちゃったら、つまらないでしょ。
ゲームだって、いきなりクリアしたら楽しくない。
面倒くさいのは、ラッキーだと思いましょ。

Tomy's Voice

191

ピンチ

ピンチはチャンスと言うわね。
確かにその通り。

さらに言えばピンチを切り抜けた方が
上手くいくとは限らないわ。
ピンチに負けちゃった方が、
良い転換点になることもあるの。
ピンチに負けても、
どう立ち直るかを考えればいいわ。
自分を責めないようにね。
最終的にどう転ぶかまだわからないわよ。

Tomy's Voice

192

意志

意志は強くもつ。
でも、焦らない。
追い込みすぎない。

生きていく時間は長いから、
続けられるペースでね。

Tomy's Voice

193

やりたい

「何かやりたいな」

と思っているときは、

「考えを温めるだけにする」

「単発で済ませられることをする」

のがいいわ。

本当にやりたいとき明確に
「○○がやりたい」となるから。
何かがやりたいという時、
無理に新しいことを始めると、
長続きしないし、負担になることもあるわ。

Tomy's Voice

194

追い求める

結果的に
得られなかったとしても、
諦めず追い求めた人生は、
途中で諦めた人生と
全く違うものになるのよ。

諦めないことで、
他に得られるものが沢山あるからね。

Tomy's Voice

195

執着

望みって、全て執着なのよ。

でも、執着だったとしても、
どうしても手放せないのなら、
諦めなくていいの。
ただ望みをブラッシュアップして、
真に手放せない部分を洗い出すほうがいいわ。

Tomy's Voice

196

忘れる

どうしようもないことは、「嫌なことリスト」に入れない。

「嫌なことリスト」には、
自分が対応しなきゃいけないことだけを
入れればいいのよ。
まあ簡単にいえば、どうしようもないことは
忘れましょ、ってこと。

Tomy's Voice

197

おちゃらけ

**「ネタなんだから」とか言って
おちゃらけてくる人は
相手にしちゃいけないわ。**

わざわざ相手にネタだと言ってる時点で、
ネタが通じていない証拠。
こういう人は深刻な問題でも、
おちゃらけて誤魔化そうとする人なのよ。

Tomy's Voice

198

時間

亡くなった父も、
大切だった人も、
離れるときは見送ってくれた。

そのときはいつものことだと思っていたけど、
永遠じゃなかった。
見送られるたびに、残りの回数は減っていく。
そして、人生の最期も誰かに見送られる。
アテクシは見送られるたびに、見送るたびに、
今という時間に感謝しているわ。

Tomy's Voice

199

醍醐味

世の中、思うように
いかないことばかりよね。
でも、思うようにいかないから、
なんとかする醍醐味がある。

醍醐味、よい言葉ね。

Tomy's Voice

200

意思

リラックスっていうのは、
「できるかどうか」より
意思が大切なのよ。

「さあ、今からくつろいで
誰にも邪魔させないわよ！」ぐらいでいいわ。

Tomy's Voice

201

ケア

今日１日、楽しい日だったか、
普通の日だったか、
疲れた日だったか、
簡単に振り返っておきましょう。

もし疲れた日なら、今晩中にほぐしておきましょう。
これをやると、こまめに自分の疲れに気がつけるわ。
今日も一日、お疲れさまケア。

Tomy's Voice

202

人生

人生、無駄に見えること、無意味に見えることって大切なの。

つまり、無駄なことも無意味なこともないの。
あるがままが人生。

相談

気分が落ち込んだり、消えたい気分にかられたり、ネガティブな考えに囚われて泣いてしまったりすることがあります。体が重くて動くのがとても億劫になって、子どもの世話をせず、寝込んでしまうことも。早寝早起きやヨガ、体にいい食事を心がけたりしているのですが、効果はイマイチです…。（40代女性）

「やりすぎない」で！ ある程度コントロールできるわ。

誰にでも感情の起伏はあるけれど、感情の起伏が大きい人って、躁うつ病の軽いタイプの可能性があるのよ。感情の起伏が極端すぎて日常生活がしづらいと感じたら、精神科を受診してみてもいいと思うわ。

まずはこう前置きしたうえで、自分でできる対策方法について教えるわね。

基本的に人間のエネルギーというのは、一定だと考えてほしいの。元気なときに動き過ぎると、その分、たくさんのエネルギーを使ってしまう。だから、後で反動がきたときに、余計動けなくなってしまうと考えるのよ。

あと、1本のゴムがピンと張られた状態を考えてみるのもいいわ。ゴムを大きく上に弾くとどうなる？　その分、下にも大きく揺れるわよね。感情の起伏もこれと似ているの。元気なときに大きく動くと、その分、下にも大きく揺れるのよ。

だから対策方法としては、「元気なときでも動き過ぎない。動けないときは無理に動かない」。イメージとしては、「元気なときでも、やれそうなことの半分ぐらいで抑えておく」ぐらいの感覚でいいかしらね。

これを意識しないと、動けない状態から回復してきたときに「今日は体調がいいから、動けなかった分のことまでやるぞー」となってしまうから、さらに落ち込みが酷くなっちゃうのよ。つまり、真逆の対応をしてしまうから、さらに感情の波が大きくなっちゃうのね。

Tomy's Voice

203

仕事

仕事はいつも寄り添ってくれる
大切な恋人。

でもね、がっつり依存しちゃうと
長続きしないのよ。
長く続けられるように、
マイペースに、誠実にお付き合いを。

Tomy's Voice

204

余裕

人は意外と
だまされるものなのよ。

「こんな手に引っかかるはずがない」

って思ってる時は、余裕がある時。

でも、誰しも余裕がない時がある。

自分の判断力にも波があることを
知っておくのが大切よ。

Tomy's Voice

205

マウンティング

「あなたに○○って
できるわけないよね」
これは自信のない人が
吐くセリフなのよ。

だからアナタにマウンティングしてるのね。
ふーん、と思って流しましょ。

Tomy's Voice

206

責任

責任は何のためにとるのか知ってる？

背負《しょ》い込むためじゃないの。
自分が格好良くなるためよ。

Tomy's Voice

207

感情

**どうしようもないことを
相手にすると、
悩みがつきないわ。**

こういうときは、
相手にしやすいところから手をつける。
例えば、感情。
感情は勝手にわいてくるものだから対応しにくい。
でも、行動や環境を変えれば、
感情も切り替えやすいわ。

Tomy's Voice

208

味方

味方は数じゃないの。
質よ。

いつも味方でいてくれる人が一人でもいたら、
それだけで充分。

Tomy's Voice

209

時期

世の中、
さえない時期ってあるのよ。

でも、それが過ぎるとイケてる時期が来るからね。
栄枯盛衰。
コロナもいつか衰えます。

Tomy's Voice

210

過去

辛く悩む日も、
いつかは思い出になるわ。

悩んでいた過去を思い出してごらんなさい。
もっと若かった自分が
甘酸っぱく懐かしくもあるはず。
今の辛さもそう思える日々が来るわよ。

Tomy's Voice

211

一話

話なんて
いつも盛り上げなくても
いいのよ。

静かに過ごしていても、
お互いが不愉快にならなければそれでいい。
話を盛り上げなきゃと思いすぎると、
かえって気まずくなるものよ。

Tomy's Voice

212

心

自分の心に聞くって練習を常にやるといいわ。

わからなければ、

「今自分が求めてるのはこれかな」

という方向にちょっと変えてみる。

それでちょっとスッとするかどうか見てみましょ。

Tomy's Voice

213

エンタメ

当たり前の日常、
実はソワソワ、
ワクワクするほど楽しいのよ。

朝トイレの取り合いしたり、
遅刻しそうになって駆け出したり、
些細な一言でプチ喧嘩したり、
遊びに行く予定だったのにうっかり寝過ごしたり。
日々の生活こそがエンターテイメント。

Tomy's Voice

214

特別

基本的に自分だけが特別ってことはないのよ。

自分だけ問題が起こらないわけじゃないし、
自分だけ問題が起きるわけではない。
冷静になって物事を見る癖をつけましょ。

Tomy's Voice

215

制限

制限がかかっているときは、
普段やらなかったことを
やればいいのよ。

アテクシ、ガーデニングと野菜作りと、
お料理やってみようと思ってます。
これはこれで楽しみ。
特急に乗れないときは鈍行の旅をすればいい。
これはこれで楽しいでしょ。

Tomy's Voice

216

知るか！

アテクシの父に悩みを相談すると、笑いながらいつもこう答えてくれた。「そんなん知るか！」

乱暴なようだけど、意外と楽にしてくれる不思議な言葉。アテクシもクヨクヨしそうなときは、自分に言い聞かせる。「そんなん知るか！」

Tomy's Voice

217

発言

どんな発言でも、
受け入れられない人が
いるものよ。

でも、その発言によって
誰かが助けられるかもしれない。
プラスにはたらく可能性があるのなら、
どんどん発言すればいいわ。

Tomy's Voice

218

甘え

「甘える」と「甘ったれる」のは違うのよ。

甘えるのは、コミュニケーションの一つ。
甘ったれるのは、依存の一つ。

Tomy's Voice

219

悩み

問題を全部片付けようとすると
悩みが増えるのよ。

悩みを増やさないために悩みを置いておく。
忘れる悩みも、決めておくといいわ。

Tomy's Voice

220

忘れる

わかっているから
できるわけじゃない。
わかっていても
できないことがある。

でも時々、人はそれを忘れちゃうのよね。

Tomy's Voice

221

過程

過程を無視して
結果だけ求めると
逆に辛くなるのよね。

過程こそが生きるを楽しむコツよ。

マンガでTomy
悪いことって…
悪いことは良いことにつながるわ。
悪い
悪い
良い
失敗の原因はあそこか!!
そこから学べるもの。
成功した人は皆、何度も何度も悔しい思いをしているはず…。
くそくそ!!
ひとつの時点に執着しなければ
悪い
悪い
悪い
良い!!
心配することはないわよ

おわりに

アテクシのTweetを本にした「1秒シリーズ」の最新作、『精神科医Tomyが教える1秒で幸せを呼び込む言葉』は、いかがだったかしら？

前作までは、「不安」「悩み」と〝嫌なもの〟を吹き飛ばすという観点で集めた言葉でしたが、今回は「幸せ」と〝良いもの〟を呼び込むという観点で集めました。

アテクシは、現在40代。今までの人生、良いことも悪いことも、それなりにありました。医者になったこと、研修医で挫折しそうになったこと、精神科医になったこと、ゲイと自覚したこと、パートナーだったジョセフィーヌとの運命の出会い、父の死、ジョセフィーヌとの死別、うつ病の経験、念願の出版、著作が売れない時代が続いたこと、Twitterとの出会い、「1秒シリーズ」がベストセラーになったこと……。

アテクシの母は、ジョセフィーヌが亡くなったことだけを見て、「アナタは運が悪い」と今でも言います。確かにジョセフィーヌを亡くし、当時描いていた未来予想図は全部白紙になりました。

でも、アテクシは自分の言葉がちゃんと世の中に届いていると実感できる。クリニックも評判で、たくさんの患者さんが毎日いらっしゃる。はっきりいって、これ以上ないぐらい幸せよ。同じ環境でも不幸だと考える人もいるんじゃないかしら？　幸せって、自分で呼び込むことも、作ることもできるの。

忘れないで、世界はいつだって美しいの。ただ、体調が悪いと見えなくなるだけ。せっかく生まれてきたんだから、世界の美しさを眺めながら生きていきましょうよ。この本を読んでくださった皆様の幸せのお手伝いが、ちょっとでもできたらアテクシは嬉しいです。

最後に、この本を世に出すきっかけを与えてくださった、ダイヤモンド社の斎藤順様、この本をお手にとっていただいた読者の皆様に心よりお礼申し上げたいと思います。

２０２１年１月

精神科医Ｔｏｍｙ

[著者]
精神科医 Tomy（せいしんかい・とみー）
1978年生まれ。某名門中高一貫校を卒業し、某国立大学医学部卒業後、医師免許取得。研修医修了後、精神科医局に入局。精神保健指定医、日本精神神経学会専門医、産業医。精神科病院勤務を経て、現在はクリニックに常勤医として勤務。2019年6月から本格的に投稿を開始したTwitter『ゲイの精神科医Tomyのつ・ぶ・や・き♡』が話題を呼び、半年も経たないうちに10万フォロワー突破。2021年11月時点で25.5万フォロワーと人気がさらに急上昇中。覆面で雑誌、テレビ・ラジオ番組にも出演。舌鋒鋭いオネエキャラで斬り捨てる人は斬り、悩める子羊は救うべく活動を続けている。『精神科医Tomyが教える　1秒で不安が吹き飛ぶ言葉』（ダイヤモンド社）からはじまった「1秒シリーズ」4作は、いずれもベストセラーに！

精神科医Tomyが教える
1秒で幸せを呼び込む言葉

2021年2月2日　第1刷発行
2021年11月11日　第4刷発行

著　者――精神科医 Tomy
発行所――ダイヤモンド社
〒150-8409　東京都渋谷区神宮前6-12-17
https://www.diamond.co.jp/
電話／03-5778-7233（編集）　03-5778-7240（販売）
デザイン――金井久幸、高橋美緒（TwoThree）
DTP――TwoThree
イラスト――カツヤマケイコ
校正――鷗来堂
製作進行――ダイヤモンド・グラフィック社
印刷・製本―三松堂
編集担当――斎藤順

ISBN 978-4-478-11214-4